आमोदिनी

संघर्ष, सौंदर्य और सृजन की स्वरगाथा

प्रियांशा प्रिया

BookLeaf Publishing
India | USA | UK

Made with ❤ on the BookLeaf Publishing Platform
www.bookleafpub.in
www.bookleafpub.com

Dedication

यह पुस्तक समर्पित है

उन अनकही भावनाओं को,
जो शब्दों में ढलकर जीवन का संगीत बन गईं।
मेरे माता-पिता को,
जिनके प्रेम और आशीर्वाद ने मेरी कल्पना को पंख दिए।
और पिताजी को (शिव) को,
जिनसे मुझे अनुभूति, संवेदना और अभिव्यक्ति का वरदान दिया।

Preface

लेखिका की ओर से

"**आमोदिनी**" – यह केवल एक काव्य-संग्रह नहीं है, यह मेरे हृदय की गहराइयों से निकली वह यात्रा है, जिसे मैंने अपने अनुभवों, भावनाओं और सपनों के साथ जिया है।

हर कविता मेरे भीतर उठती संवेदनाओं की अभिव्यक्ति है – कहीं प्रेम में भीगती हुई, कहीं पीड़ा से तपती हुई, तो कहीं आत्मबल से खड़ी होती हुई। ये पंक्तियाँ केवल लेखन नहीं, मेरे भीतर की नारी, उसकी संवेदनशीलता, संघर्ष और सौंदर्य का प्रतिबिंब हैं।

लेखन मेरे लिए आत्मा की शांति भी है और समाज से संवाद का माध्यम भी। इस संग्रह में जो कुछ भी है, वह मेरे अनुभवों की छाया में पला है और मेरी आत्मा की रोशनी से प्रकाशित हुआ है।

यदि "आमोदिनी" की कोई कविता आपके हृदय को छू जाए, तो यही मेरी सबसे बड़ी उपलब्धि होगी।

– प्रियांशा प्रिया

Acknowledgements

स्नेह और सहयोग के लिए आभार

"**आमोदिनी**" केवल मेरी कविताओं का संग्रह नहीं, बल्कि उन सभी लोगों की छाया है, जिनके स्नेह, प्रेरणा और सहयोग ने मुझे यह पुस्तक रचने की शक्ति दी।

- **मेरे माता-पिता** को सबसे पहले नमन – जिन्होंने मुझे पहला अक्षर सिखाया, जिन्होंने न केवल जीवन दिया, बल्कि सोचने, समझने और शब्दों को संवारने की कला भी दी।
- **मेरे शिक्षकों** का हृदय से आभार – जिन्होंने मेरी लेखनी में अर्थ और अभिव्यक्ति के रंग भरे।
- **मेरी एक प्यारी दोस्त**, जो मेरे नाम में ही शामिल है – वह हर उस पल में मेरे साथ रही जब मुझे खुद पर संदेह हुआ, जब शब्द रूठने लगे, और जब जीवन चुप हो गया। वह मेरी हँसी, मेरा सहारा और मेरी प्रेरणा बनी रही – यह पुस्तक उसके बिना अधूरी होती।
- और **एक खास इंसान**, एक बहुत अच्छे दोस्त – जिनकी उपस्थिति ने मेरी भावनाओं को गहराई दी, और जिनके शब्दों ने मुझे ख़ुद को समझने का नया नज़रिया दिया।

इस पुस्तक की हर कविता, उन सभी अनकहे रिश्तों और एहसासों की देन है, जिन्होंने मुझे सहारा दिया, हौसला दिया, और मेरी आत्मा को शब्द दिए।

1. माँ

मुझे याद है
कैसे तेरी रातों की नींद
मेरे बुखार में पिघल जाती थी,
और तू चुपचाप जागती रहती थी।

मुझे आज भी याद हैं
तेरे हाथों की रोटियाँ –
जिनका स्वाद दुनिया की हर चीज़ से अलग था,

क्योंकि उनमें बसी थी
तेरी ममता, तेरी थकान,
तेरी चुपचाप की गई प्रार्थनाएँ।

अब जब दूर हूँ,
तेरे आँचल की वो सुकून भरी छाँव नहीं मिलती,

अब कोई मेरी थकान
न मुस्कराहट से पढ़ता है,
न सवालों से समझता है।

तेरे भोले से सवाल,
तेरी मासूम सी चिंता,
तेरे हर शब्द का बार-बार गलत कह जाना–

अब वही सब
मेरे दिल की सबसे प्यारी दवा बन गया है।

2. माँ का आँचल

अक्सर रातों को
जब नींद में डर सताता है..
तो माँ का आँचल याद आता है
रास्तों के पत्थरों से ठोकर लग
कदम लड़खड़ाते हैं..
तो पहला शब्द माँ ही याद आता है..

ज़िंदगी की मुश्किलें जब इम्तिहान लेती हैं..
तो माँ की सीख याद आती है..

समाज की बातें सुन
जब दिल भर आता है
तो माँ का आँचल याद आता है

कभी जब हो निराशा का साया
तो उसकी बातें ज़ेहन में गूंजती हैं..
हर आँसू में उसके आंचल की छाया
हर ग़म में, उसे दी जाने वाली दुआ याद आती है..

चाहें कितनी भी दूर चली जाए दुनिया

वो दिल के बेहद करीब, माँ ही याद आती है..
सपनों की कसौटी पर जब भी देखूं
उनकी हंसी की खनक सुनाई देती है..
उनकी गोद का अब जो एहसास है
हर दर्द की दवा, माँ ही याद आती है..

3. पिता की खामोशी

गुस्सा विरासत में मिला है मुझे आपसे,
ठीक वैसे ही जैसे आलस...
और हर हाल में जिम्मेदारी निभाने की वो अनोखी कला।

माँ कहती है –
"तू बिल्कुल अपने बाप पर गई है..."
मैं बस धीमे से मुस्कुरा देती हूँ,
क्योंकि आप भी तो
कभी कहते नहीं,
पर सब कुछ जताते हैं।

आपकी खामोशी भी बोलती है –
हर महीने की फीस में,
मेरे टिफ़िन के खाने में,
और उन बेवजह की बाइक राइड्स में।

पापा,
हम शायद "खास दोस्त" नहीं हैं,
न खुलकर बातें होती हैं,
पर फिर भी...

आप मेरे पहले हीरो हैं।
आपका तरीका अलग है,
पर प्यार शायद उतना ही गहरा,
उतना ही सच्चा।

4. शिव

सारी दुनिया एक तरफ,
मेरे महादेव एक तरफ।
दुनिया रुलाती रही,
महादेव चुप कराते रहे।
दुनिया विश्वास तोड़ती रही,
महादेव खुद में समेटते रहे मुझे।

दुनिया गिराती रही,
महादेव संभालते रहे मुझे।
सारी दुनिया एक तरफ,
मेरे महादेव एक तरफ।
दुनिया भटकाती रही,
महादेव राह दिखाते रहे।
दुनिया गिराती रही,
महादेव संभालते रहे मुझे।

इसलिए तो,
सारी दुनिया एक तरफ,
और मेरे महादेव एक तरफ।
दुनिया का शोर सुनती रही,

महादेव ने मुझे सहारा दिया।

दुनिया में अशांति थी,
महादेव ने मुझे शांति प्रदान की।
दुनिया में तकरार थी,
महादेव ने मुझे प्यार सिखाया।
सारी दुनिया एक तरफ,
मेरे महादेव एक तरफ।
इस जीवन के हर मोड़ पर,
महादेव ने मुझे आगे बढ़ाया।

इसलिए तो,
सारी दुनिया एक तरफ,
और मेरे महादेव एक तरफ।

5. इश्क़

उनसे इश्क़ करने के अंजाम से वाक़िफ थे हम..
फिर भी हम चश्म-ए-हैराँ में मोहब्बत करते रहे कि
कभी तो उन्हें हमारे इश्क़ की क़दर होगी..
कभी तो वो अपना माज़ी पीछे छोड़
हमें अपना मुश्तक़बिल चुनेंगे।

पर वक्त ने जैसे धागे से सुलझाए सपने,
हम फिर भी मुस्कुराते रहे बेवजह, इस हसरत में कि
शायद एक दिन वो पलटकर देखेंगे,

जब रात के सन्नाटे में वो याद आएंगे,
सब कुछ भूलकर, हमें अपना मानेंगे।
पर हम, खामोश इन लम्हों में,

इंतज़ार करते रहे, अपनी चाहत को संजोते हुए।
कभी तो वो आएंगे, आँखों में ख्वाब लिए,
हमारी इश्क़ की कहानी को जीने के लिए।

6. ख्वाब

एक ख्वाब देखा है मैंने, सुनोगे?
कि तेरा–मेरा ख्वाब एक हो...
मंज़िलें अलग सही,
पर रास्ता एक हो...

साथ चलें... लड़खड़ाएँ तो थाम लें एक-दूजे को...
उफ्फ... ये मेरे महंगे ख्वाब,
कि तेरा–मेरा ख्वाब एक हो...
हारने लगें तो गले लग जाएँ एक-दूजे को,
आँखों में नींद न हो तो सुला दें एक-दूजे को,
तू मुझे अपना कहे भरी महफ़िल में...
उफ्फ... ये मेरे महंगे ख्वाब,
कि तेरा–मेरा ख्वाब एक हो...

अगर ये सिर्फ़ ख्वाब में ही मुमकिन है... तो चलो,
ख्वाब ही देख लेते हैं,
नींद से जागते ही नहीं सारी उम्र...
क्योंकि ख्वाबों में ही सही,
तेरे–मेरे ख्वाब तो एक हों...

रात की ख़ामोशी में जब तारे चमकें,
हर एक लम्हा, तेरा मेरा रंग चुराए,
सपनों के मंजर में, हँसते रहना,
हम साथ हों जहाँ, वही दुनिया बनाए...
उफ्फ... ये मेरे महंगे ख्वाब,
कि तेरा–मेरा ख्वाब एक हो...

7. एक राधा, एक मीरा

वो राधा सी कृष्ण की प्रेमी थी
मैं मीरा सी कृष्ण की दीवानी थी।
प्रेम मिला राधा को कान्हा का
साथ मिला, और मीरा को गोविंद का।

एक प्रेम में डूबी थी,
एक भक्ति की मारी थी।
एक को संग मिला सावन-सा,
एक को तप मिला जीवन सा।

कान्हा होकर भी ना हुए किसी के,
क्योंकि वो तो रुक्मणी के भाग्य में थे।
कान्हा को राधा की चाह थी,
पर नियति ने मीरा की राह लिखी थी।

राधा ने बाँसुरी की तान सुनी,
मीरा ने विष प्याला भी प्रभु का मान लिया।
राधा के प्रेम में मधुरता थी,
मीरा की भक्ति में तड़प की गहराई थी।

राधा ने कान्हा संग रास रचाया,
मीरा ने हर साँस में बस गोविंद को ही पाया।
एक प्रेम कहानी लोक में अमर हुई,
एक भक्ति गाथा हर युग में निखर गई।

राधा ने कान्हा को दुनिया में चाहा,
मीरा ने उनसे आत्मा का मिलन चाहा।

८. शून्य

न जाने शून्य में क्या निहारती पाती हूँ खुद को...!!
शायद ढूँढती हूँ कुछ ऐसा जो खो गया है..
या जो पाने वाली हूँ

शून्य और सब पाने के बीच अंतर में क्या है...
इस जवाब में उलझी क्यों रहती हूँ

मौसम की लहरों में कितने दरिये बह गए
मैं दुपट्टे में अपने बिखरे फूल समेट लाती हूँ..
वक़्त का रास्ता मेरी घड़ी से पीछे छूट जाए
उससे पहले ही मैं हँसकर आगे बढ़ जाती हूँ...!!

9. पसंद

मेरी हर पसंदीदा चीज़ उससे नापसंद है,

वो खुद को कैसे नापसंद करेगा?

आख़िर वो खुद भी तो मेरी पसंद है।

वो मेरी ख्वाहिश, मेरी दुआओं का हिस्सा है,

कैसे मान लूं के वो मेरी मोहब्बत का क़ाबिल नहीं?

शायद एक दिन उसे एहसास हो,

कि मेरी पसंद में बस उसकी तस्वीर बसी है।

10. टूटे दिल की साजिश

कहाँ सोचा था कि इस कदर बिछड़ जाएंगे,
कल तक तुम हमारे थे, आज यादों में सिमट जाएंगे।

तेरे हर ख्वाब को अपना समझ बैठते थे,
कहाँ खबर थी हम सब से बड़े धोखे में रहते थे।

रातों की चांदनी अब सवाल करती है,
तेरे बिना हम भी अधूरे रहते हैं।

जो आँखें तुझे देख कर चमक उठती थीं,
आज उन्हीं में ही वीरानियाँ बसती हैं।

तेरी हँसी में जो सुकून था,
अब वो दर्द बन गया।

जो कभी मेरा अपना था,
अब अजनबी बन गया।

अब न शिकवा है, न ही शिकायत कोई बाकी।
बस ख़ामोशी में सुलगती है यादों की अलमारी।

दिल टूटे भी, तो हौसले टूटते नहीं,
जख्म गहरे हो फिर भी लोग मरते नहीं।

11. सफर...

वो बचपन से ही देखती थी सपनों का नगर,
पर किस्मत में लिखा था काँटों का सफर...

हर मोड़ पर रोका, हर किसी ने टोका,
सबने कहा तू नहीं कर पाएगी।

ज़िंदगी के सफर में ठोकरें बेहिसाब आईं,
अपनों की भीड़ में भी तन्हाइयाँ संग लाईं।

जो कहने को अपने थे, उन्होंने ही खड़ी की शक की दीवार,
जो राहें आसान लगती थीं, वही मुश्किल कड़ी थीं..!!

पर जब दुनिया ने हर रास्ता बंद किया,
महाकाल ने उसका हाथ थाम लिया।

कानों में गूंजा – "डर मत, तू शक्ति का है स्वरूप,
हर बंधन से ऊपर, तू खुद में है अनूप।"

वो फिर से उठी, हर दर्द को भस्म बना डाला,
नीलकंठ के चरणों में अपना जीवन सजा डाला।

अब न कोई डर, न झिझक थी बाकी,
जो कल तक टूटी थी, आज वो खुद की थी साथी।

महाकाल के चरणों में जो समर्पित हुई,
वो अब खुद शक्ति का रूप बन गई..!!
वो अब खुद शक्ति का रूप बन गई..!!

12. धर्म

मैंने देखा है अक्सर लोगों को
सर झुकाते,
मंदिर, मस्जिद और दरगाह के आगे।

धर्म की सीमाएं टूटते हुए,
मैंने देखा है इंसान को
हर प्रार्थना में हाथ जोड़ते हुए।

जात-पात के बंधन से परे,
मुसलमान को मंदिर में
और हिन्दू को मस्जिद में,
एक ही खुदा के लिए सिर झुकाते हुए।

सच तो यह है कि धर्म तोड़ता नहीं,
पुल बनाता है इंसानियत का।

पर ये लोग हैं, जो दीवारें खड़ी करते हैं,
खुदा के घरों को बंटवारे का नाम देते हैं।
धर्म की आड़ में जो इंसान को रोकते हैं,

वो भूल जाते हैं कि
मंदिर हो या मस्जिद,
हर जगह वही खुदा बसता है
जो प्रेम की भाषा बोलता है

मैंने देखा है अक्सर लोगों को
एक-दूसरे की आँखों में,
समानता का प्रकाश खोजते हुए।

दिलों की धड़कनें इसी माटी की हैं,
और आहें भी एक ही सुर में गाती हैं।
सच है कि ज़िंदगी की गहराइयों में,
उसी एक छवि को सब छूते हैं|

फिर क्यों बनाते हैं ये दीवारें,
जब हम सब एक ही यात्रा के राही हैं।
खुदा तो बस प्रेम का संदेश है,
और इंसानियत का हर अलबम।

चलो मिलकर हम ये सःसंग करें,
नफरत के जालों को तोड़ दें।
क्योंकि हर मंदिर में, हर मस्जिद में,
इंसान की रूह का नसीब बसता है।

13. सिसक

एक अँधेरे कमरे में,
खुद को सिसकते देखा है,

दिल और दिमाग को,
हर लम्हा लड़ते देखा है।

मैंने देखा उसे,
मोहब्बत जताते हुए,

और फिर मैंने,
उसे जाते भी देखा है।

क्या देखना बाकी है,
मैंने खुदा से पूछा,

उसने कहा अभी,
उसे किसी और का होना देखना बाकी है।

मेरी मोहब्बत का यूँ,
तन्हा रहना बाकी है,

उसके बिना ज़िंदगी का,
बस खत्म होना बाकी है।

-

14. एक तरफ़ तू, एक तरफ़ मेरा कल

एक तरफ़ रात की चाँदनी में तू है,
जिसके साथ हर खामोशी भी प्यारी लगती है।

एक तरफ़ दिन का उजाला है,
जहाँ मेरा भविष्य मेरी राह देखता है।

एक तरफ़ वो बाँहें हैं, जहाँ सुकून मिलता है,
एक तरफ़ वो वचन हैं, जो निभाने हैं।

एक तरफ़ दिल धड़कता है किसी के लिए,
एक तरफ़ ज़िम्मेदारियाँ हैं, जो रुकने नहीं देतीं।

तू मेरा आज है – अधूरा मगर अपना,
और वो मेरा कल है – पूरा मगर अनजाना।

छोड़ नहीं सकती तुझे,
मगर रुक नहीं सकती वहीं भी।

मैं बँटी हूँ –

एक तरफ़ मेरा प्यार,
एक तरफ़ मेरा फ़र्ज़।

15. तेरी तारीफ़... मेरी ख़ामोशी

अच्छे लग रही हो तुम...
न जाने क्यों ये सुनते ही गालों ने रंग चुरा लिया गुलाब से,
दिल की धड़कन कुछ तेज़ चलने लगी, और मेरी नज़रें...
उनसे तो जैसे नज़रे ही नहीं मिला पा रही...

इतनी-सी तारीफ़...
पर असर तो जैसे किसी जादू सा है,
सोचते-सोचते उंगलियाँ बालों को धीरे से कान के पीछे ले जाती हैं,
नज़रें उठती हैं, तुमसे मिलती हैं... और तभी दिल फुसफुसाता है –

"बस रहने दो, यूँ ही...
इन लटों में भी तो है एक मोहब्बत छिपी हुई...
"छुपे लफ़्ज़ों में जो कहना था,
वो इन सिसकती साँसों ने कहा,
तेरी नज़रों से जब नज़र मिली,
तो दिल ने भी चुपचाप "हाँ" कहा।

16. क्या दिल समझ चुका है?..

उस एक शख्स को फिर से गले लगाया होगा उसने,
यही सोच कर दिल फिर बेचैन हो उठा है...
कैसे रोकूं खुद को, बस यही एक सवाल बचा है...
वो मेरा नहीं था –
ये तो दिल कब का समझ चुका है...

पर मैं फिर भी उसे चाहूं –
ये कैसी सज़ा है...?

हर रात उसी की यादों में खुद को खो देती हूँ,
उसकी हँसी की परछाई में जीती और रो देती हूँ...
वो पास नहीं, पर दिल से दूर भी नहीं जाता,
क्यों हर रिश्ता उसका नाम लेकर मुझे आज़माता...?

माना कि मुक़द्दर में उसका साथ नहीं लिखा,
पर दिल ने हर दुआ में बस उसी का नाम रखा...
अब ख्वाबों से भी डर लगता है मुझे,
कहीं वो आकर फिर से जुदा ना हो जाए...

17. अब मैं हूं

कभी टूटी थी... चुपचाप,
सिसकती रही थी रात-रात,
घर की दीवारें भी सवाल करती थीं,
और जवाब में बस आंसू आते थे।

पर अब नहीं।
अब मैं खुद के लिए जागती हूं,
आईने में खुद को निहारती हूं,
और कहती हूं, हिम्मत रख,
खुद की कहानियों में बस अपने रंग भर।
सपनों की उड़ान फिर से भरी है मैंने,
चाहे आंधियां हों, पर कदम नहीं रुके हैं।

खुद से किया जो वादा, उसे निभा रही हूं,
हर ग़म को गले लगाकर, खुशी की राह बना रही हूं।
सुराहियों में लहराते हैं मेरे अरमान अब,
खुद की पहचान में, खोई नहीं, पाई हूं।

जिस घर ने सिखाया सहना,
अब वहां भी मैं बोलना सीख गई हूं।

जिस दुनिया ने कहा – "कमज़ोर है ये",
अब वही मेरी ताक़त पर हैरान है।
मैं अब भी वहीं हूं, पर वैसी नहीं।
मैं अब भी सहती हूं, पर झुकती नहीं।

मैंने खुद को थामा है,
टूटे सपनों को फिर से पिरोया है।
अब मैं परछाइयों से नहीं डरती,
अपने उजाले खुद बुनती हूं।

अब मैं हूं –
बस मैं हूं... और यही काफी है।

18. अलविदा से पूर्व

मैंने चाहा कि वो चाहे मुझे,
मैंने सोचा कि वो सोचे मुझे,
हर दुआ में उसका ज़िक्र किया,
चाहा कि वो भी कभी मांगे मुझे।"
ख़्वाब हैं पर आस नहीं, दर्द है पर ज़ख्म नहीं,
तकलीफ़ का जायज़ा कैसे और क्यों दे उसे।
अफ़सोस हर चाहत को हकीकत की ज़मीन नहीं मिलती,
मैं अब मिलती हूं आसमान के किनारों में उसे।
मेरी डूबती कश्ती को तिनके का सहारा हुआ वो,
खुदा हर खुशी बक्शे मेरे बाद भी उसे।
मैं जानती हूं मेरे अंदर के बच्चे की मासूम ज़िद हो तुम,
लेकिन इस मोड़ पर हाथ छोड़कर आगे जाना होगा मुझे।
या शायद चली भी जाऊ..
क्या पता उसे खबर भी ना हो और वो ढूंढे पर मैं मिलु ना उसे
बुझते हुए दिए में जो रौशन लौ जलाई है तुमने,
उसे अपने दम पर अकेले ही जगाए रखना है मुझे।
शिव कभी तो उतरे जीवन में जैसे प्रेम की शक्ति,
एक खुशनुमा और जिंदा लड़की बनकर जीना है मुझे।

19. वो...

"मेरी आँखें उसने वहाँ भी पढ़ी,
जहाँ सबने मेरी मुस्कुराहट देखी थी..!!
मैं कैसे उसे पाने की तमन्ना न रखूं,
उसने मेरी ख़ामोशी भी पढ़ी..!!

वो वाक़िफ़ है हँसना हँसाना तो हुनर है मेरा,
फिर भी छुपाई बैठी हूँ दिल का शोर सारा..!!
उसके एक इशारे पर सजती मेरी दुनिया है,
पर वो खुद मेरी ख़ामोशी का अफ़साना है..!!"

20. वो - मेरा सुकून...

"मैं कैसे मान लूं उसे मोहब्बत नहीं हमसे..

जब-जब मैं टूटी,
उसने अपनी बाहों में समेटा है मुझे।

जब-जब मैं हारी,
अपने कंधे पर सिर रखकर सुलाया है उसने मुझे।

जब-जब मैं सहमी,
अपने सीने में छुपाया है उसने मुझे।

अब तुम ही बताओ यारों,
क्या इश्क़ हमेशा लफ्ज़ों में होना ज़रूरी है?

क्या हर मोहब्बत का इज़हार ज़रूरी है?

वो बोलता नहीं, पर सुनता है मुझे,
वो जताता नहीं, पर समझता है मुझे।

उसकी खामोशियां भी कुछ कहती हैं,

उसकी नज़रों में मेरी दुआ बसती है।

तो फिर कैसे कह दूं
कि वो मेरा नहीं...

जब हर टूटन में
वो मेरा सबसे पहला मरहम बनता है।

21. वो - मेरा उजाला

मैं रात के अंधेरे सी,
वो मेरी अंधेरी ज़िंदगी में चाँद की रौशनी सा।

मैं घने जंगलों की वीरानी सी,
वो उसी जंगल में जुगनू की जगमगाहट सा।

मैं नदी के उफान सी बेकाबू,
वो शांत सा अथाह समुंदर।

मैं अंधेरे कमरे की उदासी सी,
वो सूर्य की पहली किरण जैसा उजाला।

मेरी बेरंग सी ज़िंदगी में,
वो उम्मीदों की चमक है।

मैं कुछ भी नहीं...
मगर मेरा सब कुछ है – वो।

22. मजबूरी और इश्क़

उनसे दूरी सही नहीं जाती..
ये बात उनसे कही भी नहीं जाती..

हालातों से मजबूर वो भी हैं..
हालातों से मजबूर हम भी हैं..

इश्क़ उन्हें भी है..
इश्क़ हमें भी है..

हमसे ये बात कही नहीं जाती...
वक़्त ने जब साथ छीन लिया,

लबों ने नाम लेना भी छोड़ दिया..
पर दिल अब भी धड़कता है उसी के लिए,

ये दर्द किसी से कहा नहीं जाता...

23. ज़िंदगी का मेला

जो बीत गया, उसे भूल जाओ,
ख़ुद को कल की याद मत सताओ।

जो आने वाला है, उस पर मुस्काओ।
ज़िंदगी कभी ख़ुशी, कभी ग़म का मेला है।

बस इसे का नाम "जिंदगी" का खेला है।

24. यादों की तस्वीर

एक तस्वीर रखी है तेरी
जब दिल चाहता है निहार लेती हूँ

तू पास नहीं पर पास होने का एहसास पाती हूँ

एक तस्वीर रखी है तेरी
यादों की अलमारी में

जिसे निहार दर्द में भी मुस्कुरा देती हूँ
खामोशी में तेरी बातें सुन लेती हूँ

लम्हों के सिलसिले ने मुझे बुन लिया है

एक तस्वीर रखी है तेरी
दिल के किसी कोने में

जब तन्हाई घेर लेती है, तेरा चश्मा लगाकर
मैं ख्वाबों की यात्रा पर निकल पड़ती हूँ

एक तस्वीर रखी है तेरी

हर आहट में तेरी यादों को छू लेती हूँ

25. अनकहा सा कुछ

हाँ, मैं जानती हूँ
इस बहस का नतीजा शायद यही हो
कि तुम जीत गई।

तुम्हारे पास है उसका नाम,
मंगलसूत्र की डोरी,
और वो लाल सिंदूर –
जिसे दुनिया पहचान मानती है।

लेकिन...
मेरे पास वो आँसू हैं
जो उसकी हर खामोशी में बहते थे।
वो सिर
जो उसने मेरे कंधे पर रखकर
थोड़ी राहत पाई थी।

वो छुअन,
जिसे मैंने तुमसे पहले महसूस किया था –
बिना किसी बंधन के,
बिना किसी हक के।

वो हँसी
जो सिर्फ मेरे सामने
बेखौफ खिलखिलाई थी।

हाँ,
तुम उसकी प्रेमिका भी बनी,
पत्नी भी।

और मैं?
मैं कुछ नहीं बनकर भी
उसके हर जज़्बात की जुबान बन गई।

बहुत कुछ बन गई...
बिना नाम के, बिना पहचान के।

26. अनकही थकान

आज फिर
कॉलेज से लौटी थकान ओढ़कर –
नींद में खुद को छुपा लिया,
जैसे चार घंटे की खामोशी
थोड़ा सुकून दे दे...
या शायद खुद से थोड़ी राहत।

पर जागते ही वही आवाज़ –
"जब तू सोती है, तब ही घर में सुकून होता है।"

ये ताना नहीं था...
ये मेरी मौजूदगी पर एक चोट थी,
एक सवाल जो हर बार चुप रहकर भी चुभ जाता है।

काश उन्हें पता होता,
कि मैं कब से खुद से हार रही हूँ...
कि हर मुस्कान जो उन्हें सुकून देती है,
वो मेरे अंदर घुटती एक चीख को छुपा रही होती है।

काश कोई समझता –

कि मैं थकी नहीं हूँ सिर्फ़ चलने से,
मैं टूटी हूँ उस नजरअंदाज़ी से
जिसमें मेरा होना...
जैसे कोई बोझ हो गया हो।

27. बदलती पसंद

मुझे गुलाब पसंद नहीं,
पर वो लाए...
तो बात कुछ और है।

मुझे मीठा अच्छा नहीं लगता,
पर वो खिलाए...
तो बात कुछ और है।

आवाज़ बेसुरी है मेरी,
पर वो सुनना चाहे...
तो बात कुछ और है।

मुझे चलने में आलस आता है,
पर हमसफ़र वो हो...
तो बात कुछ और है।

नींद तो आती नहीं मुझे,
पर बाहों में उसकी हो...
तो बात कुछ और है...

जिंदगी में रंग कुछ नहीं है,
पर मुस्कान उसकी हो |
तो बात कुछ और है।

सपने मेरे धुंधले है,
पर उसकी आंखों में हो,
तो बात कुछ और है ।

खामोशियों मे तन्हाई है ,
पर बातें उसकी हो ,
तो बात कुछ और है।

28. प्रेम

प्रेम...
कितना खूबसूरत शब्द है, है ना?
कितने रूप होते हैं प्रेम के...
वो दो दोस्त जो अपनी चीजें बाँटते हैं,
प्रेम ही तो है...

वो पिता जो अपने बच्चे की तस्वीर
छोटे से फ़ोन में कैद कर रहा है,
प्रेम ही तो है...

वही पिता जब अपने बेटे को कंधे पर बिठाकर
सैर कराता है,
प्रेम ही तो है...

वो माँ जो प्यार से अपनी बेटी की
नज़र उतारती है,
प्रेम ही तो है...

वो भाई जो अपनी बहन के लिए
सबसे लड़ जाता है,

प्रेम ही तो है...

वो तीन दोस्त जो आपस में लड़ते हैं,
पर साथ में हँसते हैं...
प्रेम ही तो है...

प्रेम के कितने रूप होते हैं...

वो लड़की जो अपने प्रेमी से प्रेम करती है,
वो पिता जो अपनी बेटी से करता है,
वो पति जो अपनी पत्नी से करता है,
वो माँ जो अपने बच्चों से करती है,
वो भाई जो अपनी बहन से करता है...

ये सब प्रेम के ही रूप हैं...
प्रेम से खूबसूरत कोई शब्द नहीं।

29. लफ़्ज़

लफ़्ज़ काफ़ी न थे

अपनी बात बयां करने के लिए...

हमने नज़रों का सहारा लिया

नज़रे पढ़ने के लिए

खामोशियों में भी इक साज़ छुपा था,

दिल की धड़कन से सब कुछ कहा था।

30. मुलाक़ात

अभी उससे मिले कुछ दिन ही तो हुए हैं.
. पर लग रहा है सदियाँ बीत गईं..
समझ नहीं आ रहा कि ये वक़्त कैसा मज़ाक़ है

सच बताओ
क्या ये वही इश्क़ तो नहीं जो सबसे पाक है..

दिल की धड़कनों में बसी उसकी आवाज है,

उसकी हंसी में जैसे छोटे-छोटे तारे छिपे हैं ।
सच बताओ क्या यह वह जुनून नहीं,

जो हर रंग चुरायेगा ।
क्या यह वही इश्क तो नहीं जो तमाम फासले मिटाएगा।

31. बिन कहे इज़हार

नज़रें बयां करती हैं
उसकी पर कमबख़्त इज़हार नहीं करता..

पसंद तो करता है मुझे ..
पर प्यार नहीं करता

हर रोज़ गुजरता है वो पास से,
पर नज़रों से आगे नहीं बढ़ता...

लब खामोश रहते हैं उसके,
दिल की बात कभी नहीं कहता...

मैंने भी अब ख़ामोशी ओढ़ ली है,
क्योंकि आवाज़ें वो सुनता ही नहीं...

धड़कनों का शोर है बहुत,
मगर उसके दिल तक पहुँचता ही नहीं...

कभी-कभी लगता है,
शायद डरता है कुछ कहने से...

या फिर उसे आदत है
बस दूर से चाहने की...

32. इत्तेफ़ाक़ या साज़िश?

कभी लगता है, मिलना यूँ ही नहीं होता,
कहीं ना कहीं कोई फ़रिश्ता कुछ तो बुनता होगा।

कहते हैं ऊपर वाला जोड़ियाँ बनाता है,
पर फिर हर मोड़ पे दिल क्यों तुड़वाता है?

राह में हर चेहरा कुछ कह जाता है,
कभी हँसाता, कभी चुपचाप रुला जाता है।

दिल में उठते हैं सवाल हज़ार,
पर जवाब दे कौन, वो भी इस भीड़ में बेज़ार।

क्या तुम थामोगे मेरा हाथ उस पल,
जब हर उम्मीद लगे बेमानी, हर सपना हो धुंधला छल?

क्या कह सकोगे तुम ये बात,
कि हर दर्द में छुपा है ऊपर वाले का कोई साथ?

क्या तुम समझा पाओगे ये फ़लसफ़ा,
कि आँसू भी ज़रूरी हैं जीने का हिस्सा?

जब मैं कहूँ, "ये सब क्यों मेरे साथ हुआ?"
क्या तुम कहोगे, "तेरे अंदर ही छुपा है खुदा?"

अगर मैं गिरूँ, तो क्या तुम मुझे उठा सकोगे,
मेरे टूटे हौसलों को फिर से जगा सकोगे?

क्या तुम कह सकोगे, "ये सब इसलिए था,
ताकि तू खुद को समझ सके, और मुझमें समा सके।"

क्योंकि शायद...
हर दर्द, हर आज़माइश, हर रात की तन्हाई,

तुझे एक बेहतर इंसान बनाने आई...
तुझे मेरा बनाने आई...

33. अधूरे ख़्वाबों की ताबीर

ख़्वाब जो थे मेरे,
उन्हें ख़्वाब ही रहने देते हैं,

पर इस दिल का क्या करूँ,
जो हक़ीक़त में जीने नहीं देते।

हर रात चाँद से बातें करता है ये दिल,
हर सुबह फिर टूटे सपनों की राख समेटता है दिल।

इस हक़ीक़त का क्या करूँ मैं?
मैंने तो कुछ और ख़्वाब देखे थे...

जहाँ तुम साथ थे,
और मैं खुद से दूर नहीं थी,

जहाँ हर सवाल का जवाब सिर्फ़ 'हम' थे।
अब तो बस जुगनुओं से रोशनी माँगता है मन,

तारों से कहता है—
"एक बार फिर वही सपना बुन।"

पर शायद ये भी एक साज़िश है फ़लक की,
कि ख़्वाब सजे तो सही, पर पूरे कभी न हों...

34. राधा में रमे श्याम

राधा-राधा जपते कान्हा हैं,
प्रेम में डूबे उनके नैना हैं।

हर साँस में राधा का ही वास,
बंसी में घुला राधा का एहसास।

नाम राधा का ले श्याम मुसकाए,
उनके प्रेम में जगत सारा समाए।

राधा ही आरती, राधा ही ध्यान,
कान्हा के मन की वो परम पहचान।

धरती से अम्बर तक राधा का राज,
प्रेम की भाषा, वही तो है साज।

विरह में भी जिसने मिलन को पाया,
उस राधा ने ही प्रेम सिखाया।

जब बंसी की तान में गूंजे राधा का नाम,
हर दिल में उठे प्रेम का सैलाब, जैसे आए कोई राम।

दोनों के मिलन में छुपा है सार,
कान्हा और राधा, अनंत प्रेम की धार।

धूप में छाया, और बूँद में सावन,
राधा का प्रेम है हर दिल का गहना।

उसके बिना अधूरा है हर एक गीत,
राधा ही तो है, प्रेम की सबसे मीठी जीत।

35. शिव की शक्ति

जटाओं में जिनकी बहती गंगा,
विनाश में भी सृजन है बसता।

रुद्र रूप में भी करुणा की धारा,
भस्म में भी छिपा उजियारा।।

शिव की शक्ति, शिव का तेज,
मन को दे निर्भयता का संदेश।

जो शिव को सच्चे मन से ध्याए,
उसके जीवन में अंधकार न आए।

चंद्रमा जिनके शीश सुशोभित,
त्रिनेत्रों से ज्ञान प्रकाशित।

नाद ब्रह्म जिनकी डमरू ध्वनि,
सृष्टी का हर कण है पुलकित।।

नागों की माला, गले में डाले,
भूतों संग भी योग निभाए।

शिव हैं वो जो सबमें समाए,
जिनके नाम से भय भी भाग जाए।।

बैठे हैं ध्यानमग्न हिमालय में,
पर भक्त पुकारे तो दौड़े आए।

दया का सागर, त्रिपुरारी,
हर दुःख को पल में हर ले जाए।।

शिव ही आदि, शिव ही अनंत,
उनके बिना न जीवन का संत।

महाकाल का रूप निराला,
जपें "ॐ नमः शिवाय" हर साला।।

36. स्वीकृति

सोचो क्या होता ?
अगर वह शख्स आया ही ना होता !!

आज शायद दिल उदास ना होता ?
या शायद उससे प्रेम ना होता ?

अगर वह नहीं होता तो शायद कुछ और होता?
वह ना होता तो आज शायद यह मेरे शब्द ना होते ?

वह ना आया होता तो मुझे खुद से शायद यू प्रेम ना होता!!
वह ना आया होता,

तो शायद नहीं जानती मैं की एक कला है मुझ में कला लिखने की,
कला खुद को समझाने की,

कला दुख सहने की,
कला दूसरों को सुनने की,

कला खुद को भूल कर प्रेम करने की,
शायद नहीं जानती मैं कि की मुझे प्रेम नहीं चाहिए ।।

मैं तो खुद प्रेम का अपार भंडार हु ।।
तो बहुत सोचा मै ने की क्या होता अगर वो ना आया होता।।

अंत में मुस्कुरा कर स्वीकार किया मैं ने
की शायद अच्छा होता अगर वो पहले ही आ गया होता।।

37. क्या होता है?

क्या होता है?
यही सवाल था मेरे हृदय का।
क्या होता है जब मोहब्बत होती है?
क्या होता है जब कोई आदत बनता है?
क्या होता है जब किसी का खुमार चढ़ता है?
क्या होता है जब उसकी हँसी सांसों में बस जाती है?
क्या होता है जब उसकी खामोशी भी सुकून दे जाती है?
क्या होता है जब हर बात में उसी का नाम आने लगता है?
क्या होता है जब अपने आप से ज़्यादा कोई और अच्छा लगने लगता है?

शायद... यही होता है प्यार।
जहाँ दिल धड़कता है किसी और के लिए,
जहाँ ख़ुशी उसकी मुस्कान से जुड़ जाती है,
जहाँ उसकी यादें ही इबादत बन जाती हैं,
और उसका नाम... रूह का हिस्सा बन जाता है।

पर फिर... क्या होता है जब वो दूर चला जाता है?
जब हर सवाल सिर्फ सन्नाटों से जवाब मांगता है?
जब उसकी हँसी की जगह आँसू रह जाते हैं,

और उसकी बातों की जगह खामोशी गूँजती है?

तब लगता है –
शायद प्यार सिर्फ पास होने का नाम नहीं,
बल्कि उसकी गैरमौजूदगी में भी जीने की आदत बन जाना है।
जब टूटकर भी तुम खुद को समेटना सीखते हो,
और उसकी यादों से नहीं, अपने आप से मोहब्बत करना सीखते हो।

यही होता है...
जब बिछड़ने के बाद भी कोई हमेशा के लिए दिल में रह जाता है।
यही होता है...
और जब यादों से रिश्ता इतना गहरा हो जाता है,
कि चाहकर भी खुद से अलग नहीं किया जा सकता।।
जब जीना तो होता है,
मगर पूरा कुछ भी नहीं होता।।
और सबसे ज़्यादा तकलीफ़ तब होती है...
जब सब ठीक होने ही वाला होता है,
लेकिन उससे पहले...
सब कुछ खत्म हो जाता है।

38. अनकहा प्यार

गुस्सा विरासत में मिला है उसे,
और जिम्मेदारी भी,

वह जानती नहीं कैसे जताते हैं फिक्र बिना गुस्सा दिखाए।
क्योंकि देखा ही नहीं उसने कभी,

कि कोई प्यार से भी चिंता जता सकता है।
आता है उसे भी प्यार, पर दिखलाता नहीं,

उसको भी चाहत है, पर अब वह कुछ चाहती नहीं।
भीगी पलकें कहती हैं सब कुछ, पर जुबां पर सन्नाटा है,

दिल तो करता है करीब आए, पर डर का पहरा कड़ा है।
उसने जाना है, हर रिश्ता आवाज़ नहीं देता,

कुछ लोग बस वजूद में होते हैं, एहसास नहीं देते।
वो भी चाहती है एक पनाह, जहां बिना कहे समझा जाए,
पर उम्मीदों से अब उसका याराना नहीं रहा।

39. मैं शिक्षिका हूँ

हर सुबह बिखरे बालों को जुड़े में बाँध देती हूँ,
चाय की चुस्की में मुस्कान रख कक्षा की ओर बस यूँ ही चल देती हूँ।

किताबों के वजन से ज़्यादा उम्मीदें तौलती हूँ,
हर नन्हें मन की थकान को मुस्कान से खोलती हूँ।

मैं एक नहीं, कई रिश्ते निभाती हूँ,
कभी माँ, कभी बहन, तो कभी सहेली बन जाती हूँ।

बच्चों को जब जो चाहिए, मैं वह बन जाती हूँ,
जो किताबों में नहीं, मैं वह पाठ भी पढ़ाती हूँ।

अपने अनुभवों से उनकी ज़िंदगी संवारती हूँ,
मैं ज़िंदगी सिखाती हूँ,

हर सवाल के पीछे का दर्द भी पढ़ जाती हूँ।
कभी खुद की थकान को भी हँसी में छुपा लेती हूँ,

और किसी छात्र की हार में अपना हौसला भर देती हूँ।
कक्षा मेरे लिए सिर्फ कमरा नहीं, एक संसार है,

जहाँ हर चेहरा मेरे सपनों का आधार है।
मैं डाँट में भी प्यार रखती हूँ, सज़ा में भी सीख,

हर गलती को सुधारने का देती हूँ तरीका एक विशेष।
मुझे ना चाहिए तालियाँ, ना मंच, ना नाम,

मेरे लिए तो एक "मैम आपने सिखाया" ही है इनाम।
हाँ, मैं शिक्षिका हूँ –

हर दिन एक दीप जलाती हूँ,
अंधेरे कोनों में भी रोशनी बन जाती हूँ।

मैं सिर्फ पढ़ाती नहीं, एक पीढ़ी गढ़ती हूँ,
मैं शिक्षिका हूँ –

मैं भविष्य रचती हूँ।

40. भविष्य की प्रतिध्वनि

ओ मेरी आने वाली कल की छाया,
आज की मैं भेजती हूँ कुछ अभिलाषा।

बिन डर के, बिन किसी भी संकोच के,
हृदय की सच्ची बातें, बिल्कुल सहज के।

ये जो सपने पल रहे हैं आँखों में मेरे,
क्या तेरे वक़्त में उन्होंने रूप धरे?

क्या नाम के आगे 'डॉ.' की पदवी जुड़ी,
जो चाहत बरसों से इस मन में थी बुनी?

वह मेरी पुस्तक, जिसमें मैं ही बसी थी,
क्या किसी ने सच में उसको पढ़ा, समझा, जिया?

क्या मैं बन पाई वह उजियारी शिक्षिका,
जो जीवन के गहरे अर्थों की बनी पथिका?

क्या मेरे शिष्यों का स्नेह मुझ पर बरसा,
जैसे मैंने चाहा था हमेशा, बिन तरसा?

क्या माँ-पिता की आँखों में संतोष झलकता है,
मेरी तरक्की का गर्व उनकी पलकों से छलकता है?

और वह इंसान, जिसे चुपके से दिल दिया,
क्या अब भी तेरी दुनिया का है वह हिस्सा?

क्या मिला कोई ऐसा हमसफ़र अनमोल,
जो मेरी ख़ामोशी की भाषा भी ले टटोल?

मेरे प्यारे दोस्तों की जो अपनी राहें हैं,
क्या उन राहों पर अब भी बनी निगाहें हैं?

क्या किसी ने मुझको याद किया उन पलों में,
जब ख़ुशी या ग़म ने घेरा था अपनों में?

इन सारे प्रश्नों के उत्तर तो बस तुझमें हैं,
मेरी भविष्य की मैं, तू ही सब जानती है।

मगर जो तेरी आँखों में ठहराव है गहरा,
चेहरे पर संतुष्टि, नहीं थकान का पहरा,

तो मैं समझूँगी, बिन कहे, बिन सुने,
मेरे हर सवाल का जवाब है, हाँ, पूरे मन से।

www.ingramcontent.com/pod-product-compliance
Lightning Source LLC
LaVergne TN
LVHW050758051026
849532LV00008B/2903